Confessions

Intérieures

Recueil de Poèmes

Préface

Ce recueil est une exploration des émotions humaines les plus profondes et les plus intenses. À travers ces poèmes et textes, j'ai cherché à capturer les tourments de l'amour, la douleur de la perte, la quête de soi, et la force de la résilience. Chaque mot, chaque phrase, est une tentative de donner voix à ces sentiments universels qui nous touchent tous à un moment ou à un autre de notre vie.

J'ai voulu créer des œuvres qui résonnent avec l'âme, qui évoquent des images et des émotions puissantes. Que vous soyez en quête de réconfort, de compréhension ou simplement d'une connexion avec vos propres expériences, j'espère que ces pages vous apporteront un peu de lumière et de réflexion.

Le désespoir amoureux

Mon cher ami, je suis dans un état de désespoir, je ne sais plus quoi faire, ni comment vivre, je suis perturbé par un amour qui me déchire le cœur et me ronge l'esprit, un amour qui me fait perdre tout honneur et toute raison.

Cette femme que j'ai aimée plus que ma vie, plus que tout au monde, qui m'a rendu fou de bonheur puis de douleur car elle m'a trahi, trompé, quitté, pour un autre. Cette femme que je haïs autant que je l'aime. Comment ai-je pu tomber si bas ? Comment ai-je pu me laisser entrainer sans rien voir ? Je ne sais pas. Je ne sais plus.

Tout ce que je sais, c'est que je l'ai aimée dès le premier regard. Dès que je l'ai vue, j'ai senti une flamme qui m'a fait croire que tout était possible avec elle.

Nous avons vécu notre amour dans le secret mais il n'a pas duré. Il s'est brisé. Elle m'a quitté, oublié et remplacé. Elle a épousé un autre homme, un homme qui n'est pas moi, et moi, je suis resté seul, seul avec ma colère, ma douleur, ma haine.

Que faire de ma vie, de mon âme, de mon cœur ? Dois-je vivre ou mourir ? Dois-je aimer ou haïr ? Dois-je pardonner ou punir ? Je ne sais plus.

Mon ami, je demande à Dieu, s'il m'entend, s'il me voit, s'il a pitié de moi, qu'il me donne le courage de rompre cet amour, de chasser de mon cœur cette flamme, de renoncer à cette femme, de l'effacer de ma mémoire, de la haïr de toutes mes forces et s'il ne veut pas m'accorder cette grâce, s'il veut que je souffre encore, que je meurs à petit feu, qu'il accélère ma mort et que dans sa sévérité qu'il m'accorde la faveur d'une mort sans douleur.

A Paolo

L'amour secret

Mon cher ami, il y a une lumière douce que je portais en moi, une flamme secrète qui brûlait silencieusement pour elle.

Chaque jour, je me trouvais de plus en plus ensorcelé par son éclat, par cette chaleur qu'elle dégageait sans même le savoir. Mon amour pour elle était un jardin secret, un sanctuaire où chaque fleur était un moment partagé, chaque pétale une parole douce que j'aurais aimé lui murmurer.

En silence, j'espérais qu'elle puisse sentir cette flamme, qu'elle puisse lire dans mes yeux le reflet de mes sentiments.

Son sourire était un rayon de soleil qui illuminait mes jours, ses mots une mélodie qui apaisait mon âme. Je l'aimais en secret, et cet amour était un trésor que je gardais précieusement.

Mais maintenant, je suis perdu. Comment pouvais-je être si naïf, croire en un amour qui n'existait que dans mon cœur ?

Que faire de ce sentiment qui me brûle encore, sans jamais pouvoir s'exprimer ? Mon cœur est en proie à un tourment constant, tiraillé entre la douleur et le désir.

Pourquoi ai-je gardé cet amour secret ? Est-ce par peur du rejet, de la moquerie, ou est-ce parce que cet amour est interdit, impossible ? L'amour secret est un fardeau doux-amer, une source de joie et de douleur.

Oh, mon ami, dois-je continuer à cacher cet amour, à le protéger, ou dois-je le révéler, le partager ? Si je choisis de le révéler, que deviendra mon âme, mon essence ? Si je choisis de le cacher, que restera-t-il de moi, de ma capacité à aimer ?

Mon ami, je suis profondément tiraillé entre la vérité et le silence, entre l'espoir et la peur. Si seulement une force supérieure pouvait m'accorder la clarté nécessaire pour choisir. Dois-je embrasser la vérité, au risque de tout perdre, ou dois-je m'enfermer dans ce silence, préservant ainsi une part de moi-même ?

Si cette force supérieure m'accorde la grâce de la révélation, qu'elle me libère de cette flamme qui me brûle.

Et si elle refuse de m'accorder cette grâce,
qu'elle me donne alors la force de vivre avec
cette douleur, de trouver un sens à cette souf-
france, et qu'elle m'accorde la paix éternelle
pour échapper à ce tourment.

L'épreuve de la maladie

Mon cher ami, je suis accablé par une souffrance qui ronge mon corps et mon esprit. Chaque jour, je me réveille avec une douleur sourde, une fatigue écrasante qui ne me quitte jamais. Cette maladie, invisible aux yeux des autres, me consume lentement, me privant de ma vitalité et de ma joie de vivre.

Il y a des jours où je me sens prisonnier de mon propre corps, incapable de trouver le moindre répit. Les traitements sont éprouvants, laissant des traces indélébiles sur mon âme. Chaque visite chez le médecin est une épreuve, chaque diagnostic un coup de poignard dans mon cœur déjà meurtri.

Je me demande souvent pourquoi cette épreuve m'a été imposée. Pourquoi dois-je endurer cette douleur incessante, cette lutte sans fin ?

Est-ce une épreuve de la vie pour tester ma résilience, ou simplement un cruel hasard du destin ?

Mon ami, je suis fatigué. Fatigué de me battre, fatigué de sourire pour rassurer ceux qui m'entourent alors que je suis brisé à l'intérieur. La solitude est ma compagne la plus fidèle, car personne ne peut vraiment comprendre ce que je traverse. Les mots de réconfort, bien que sincères, ne parviennent pas à apaiser mon cœur tourmenté.

Je rêve d'un jour où cette souffrance prendra fin, où je pourrai enfin respirer sans douleur, vivre sans cette ombre constante qui plane au-dessus de moi. Mais en attendant ce jour, je continue à me battre, à espérer, à chercher des moments de paix dans ce chaos.

Que la vie me donne le courage nécessaire de surmonter cette épreuve, de trouver un sens à cette souffrance. Que je puisse, un jour, regarder en arrière et voir cette période comme une épreuve surmontée, une bataille gagnée.

Et si cela ne doit pas être, que cette douleur me guide vers une compréhension plus profonde de moi-même, m'aidant à trouver des moments de paix même dans l'adversité.

La terreur Silencieuse

Mon cher ami, je suis en proie à une terreur indicible, une peur qui me paralyse et m'empêche de trouver le repos. Je vis dans l'ombre de cet homme puissant et impitoyable. Chaque jour, je redoute ses regards, ses paroles, ses jugements. Il est pour moi comme un spectre menaçant, toujours présent, toujours prêt à me rappeler que je ne vaux rien. Mon cœur se serre, mes mains tremblent. Je sens son autorité peser sur moi, écrasant mes espoirs et mes rêves.

À chaque instant, je ressens une angoisse sourde, une terreur qui s'infiltre dans chaque recoin de mon existence. Cette peur, invisible aux yeux des autres, me paralyse et m'empêche de vivre pleinement. Il y a des jours où je me sens comme une prisonnière dans ma propre vie, incapable de trouver un refuge ou un moment de répit.

À chaque réveil, je me demande comment continuer à avancer, comment trouver le courage de sourire alors que je suis brisé à l'intérieur.

Comment pourrais-je, me mesurer à lui ? Comment pourrais-je, fragile et vulnérable, résister à cette force implacable ?

Je me souviens de notre première rencontre. Son regard perçant m'a transpercée, me laissant sans voix, sans défense. J'ai senti en lui une puissance que je ne pouvais comprendre, une volonté de fer qui m'a terrifiée. Depuis ce jour, je vis dans la crainte de ses décisions, de ses colères, de ses caprices.

Je rêve d'un jour où cette peur prendra fin, où je pourrai enfin respirer sans cette angoisse constante, vivre sans cette ombre qui me suit partout. Mais en attendant ce jour, je continue à me battre, à espérer, à chercher des moments de paix dans ce chaos.

Mon ami, cette peur me dévore. Elle m'empêche de dormir, de penser, de vivre. Chaque matin, je me lève avec l'angoisse de ce que la journée me réserve.

Chaque soir, je m'endors avec la peur de ce que demain apportera. Je suis comme une proie traquée, toujours sur le qui-vive, toujours prête à fuir.

Que faire de cette peur qui me détruit ? Dois-je la combattre, l'affronter, ou dois-je m'y soumettre, l'accepter ? Dois-je chercher à plaire à cet homme, à gagner sa faveur, ou dois-je rester fidèle à moi-même, à mes principes, à ma dignité ? Je suis perdue dans ce labyrinthe de terreur et de doute.

Mon ami, que le destin me guide à trouver en moi la détermination de me tenir debout face à cet homme. Que je parvienne, un jour, à le regarder dans les yeux sans trembler, sans faiblir. Que je retrouve, un jour, ma dignité et ma paix intérieure. Que je renaisse de mes cendres et embrasser un avenir libéré de cette souffrance, avec la certitude que des jours meilleurs m'attendent et enfin, vivre sans cette ombre qui me hante ou bien, que le destin m'accorde la force de fuir cette situation, de quitter cet homme et de chercher un nouveau départ ailleurs. Que j'abandonne cette vie de terreur pour retrouver ma liberté, ma paix intérieure.

La Manipulation et la Jalousie

Mon cher ami, je ressens une angoisse sourde, une peur constante de perdre ce que j'ai de plus précieux. Je suis pris dans un tourbillon de jalousie et de manipulation qui me laisse épuisé et désorienté. Je ne sais plus comment vivre avec cette douleur. Nous nous aimions d'un amour pur et sincère, mais notre relation a été empoisonnée par des jeux de pouvoir et de séduction qui m'a poussé à des comportements que je ne reconnais plus. Je me demande pourquoi nous avons laissé la jalousie et la manipulation détruire ce que nous avions de plus précieux.

Elle était tout pour moi, la lumière de ma vie, la flamme qui réchauffait mon cœur.

Mais dans un moment de faiblesse, j'ai été envahi par la jalousie, je suivais chacun de ses mouvements et je me comportais de manière terriblement intrusive.

Je pensais que cela raviverait notre amour, que cela la pousserait à m'aimer encore plus. Mais au lieu de cela, j'ai semé les graines de la méfiance et de la douleur.

Elle a découvert mon stratagème et, blessée, a décidé de jouer à ce jeu cruel à son tour. Nous nous sommes enfoncés dans un cercle vicieux de mensonges et de trahisons, chacun essayant de dominer l'autre, de prouver que notre amour était plus fort. Mais au lieu de renforcer notre lien, nous l'avons brisé et je suis resté seul, seul avec ma culpabilité et mon désespoir.

Dois-je continuer à espérer que les choses s'améliorent, ou dois-je accepter que cette douleur fasse partie de moi pour toujours ? Est-ce que cette jalousie que j'ai en moi, finira par détruire tout ce que j'ai de précieux, ou puis-je encore sauver ce qui reste ?

Mon ami, que mon esprit m'aide à traverser cette difficulté, à retrouver ma dignité et ma paix intérieure. Que je puisse embrasser un avenir serein avec la certitude que des jours meilleurs m'attendent, sinon, que mon cœur sois condamné à revivre sans cesse les erreurs du passé, et que cette souffrance devienne mon cauchemar toutes les nuits.

La Honte

Mon cher ami, je suis noyé par un sentiment de honte qui me corrode jour et nuit et par l'erreur impardonnable que j'ai commise. Je ne sais plus comment vivre avec ce fardeau. J'ai trahi la confiance de la personne qui m'est la plus chère, celle qui a toujours été à mes côtés, ma femme. Je l'ai trompé avec une autre femme. Cette trahison est un poids insupportable, une cicatrice qui ne cesse de saigner. Chaque regard qu'elle pose sur moi est une flèche empoisonnée, chaque sourire une douleur lancinante. Je me suis laissé emporter par des passions éphémères, oubliant les serments sacrés de notre union.

Je ne sais pas comment j'ai pu en arriver là. Je me demande comment j'ai pu être si faible, si égoïste. J'ai cédé à une tentation passagère, sans penser aux conséquences dévastatrices de mes actes.

Maintenant, je suis confronté à la réalité de ma faute, et la honte m'accable. Le mensonge est devenu mon compagnon de chaque instant. Je feins l'innocence, dissimulant la vérité derrière un masque de fausse sérénité. Mais la honte me ronge, me laissant dans un état de tourment incessant.

Dois-je avouer mon infidélité, au risque de briser son cœur et de détruire notre foyer ? Ou dois-je continuer à mentir, espérant que le temps effacera mes fautes ?

Dois-je confesser mon péché et affronter les conséquences de mes actes, ou dois-je garder ce secret enfoui en moi, espérant que le silence préservera ce qui reste de notre bonheur ?

Si je choisis de révéler la vérité, je risque de perdre l'amour et la confiance de ma femme. Mais si je persiste dans le mensonge, je condamne mon âme à une éternelle souffrance. La honte est un venin qui se répand dans chaque parcelle de mon être intérieur, et je ne sais quel chemin emprunter pour trouver le pardon.

Mon ami, je ne sais pas comment réparer ce que j'ai brisé. Les mots semblent dérisoires face à la douleur que j'ai infligée.

Ma femme mérite bien plus que des excuses, elle mérite un homme digne de sa confiance, et je ne sais pas si je peux encore être cet homme.

Je suis prêt à tout pour regagner son respect, pour lui montrer que je suis capable de changer. Mais le chemin est long et semé d'embûches, et je crains que mes efforts ne soient jamais suffisants. La honte est un fardeau que je porte seul, une ombre qui me suit partout.

Mon ami, que ce poids me donne la clarté nécessaire pour purifier mon âme des mensonges, de restaurer l'honneur de notre union et de prouver que je peux être meilleur, de reconstruire ce que j'ai détruit. Autrement, qu'elle persiste, me plongeant dans un océan de tristesse et de désolation. Que cette honte continue de me rappeler l'importance de l'honnêteté et de la fidélité, m'aidant à devenir une personne plus digne de l'amour et de la confiance des autres.

La trahison

Mon cher ami, je suis profondément affecté par une trahison qui a brisé ma foi en l'humanité, je ne sais plus comment vivre avec cette douleur. J'ai été victime de la perfidie de quelqu'un que je considérais comme une amie. Cette personne a utilisé ma confiance pour son propre bénéfice, me laissant seul avec ma douleur et mon désespoir.

Chaque jour, je me demande pourquoi la trahison est si facile pour certains, pourquoi ils n'hésitent pas à piétiner les sentiments des autres pour atteindre leurs propres objectifs.

Est-ce parce que nous vivons dans un monde où l'égoïsme et la cupidité règnent en maîtres ? Ou est-ce parce que nous avons perdu notre humanité, notre capacité à ressentir de l'empathie et de la compassion ?

Je ressens le besoin de dénoncer cette injustice, de crier ma douleur et ma colère au monde entier.

La trahison ne doit pas rester impunie, elle doit être exposée à la lumière du jour pour que justice soit faite.

Mais comment trouver la force de me relever, de continuer à vivre malgré cette trahison ?

Mon ami, cette trahison m'a plongé dans un abîme de désespoir. Dois-je pardonner cette offense et tenter de reconstruire ma vie, ou dois-je me battre pour obtenir justice et réparer l'injustice qui m'a été faite ?

Chaque choix est un calvaire, et je suis déchiré entre la clémence et la vengeance.

Mon ami, que cette trahison me facilite la transcendance de la douleur, à retrouver mon honneur et ma noblesse, entouré de personnes loyales et sincères. Ou alors, que cette trahison continue de me tourmenter, m'enfermant dans une solitude glaciale et un désespoir sans fin.

L'Amour et l'Orgueil

Mon cher ami, je suis submergé par un amour dévastateur, je ne sais plus comment vivre avec cette douleur où l'orgueil et les jeux de manipulation mènent à la tragédie, j'ai été victime de mon propre orgueil et de celui de l'être aimé. Nous nous aimions d'un amour pur et sincère, mais notre fierté a dressé entre nous des barrières insurmontables.

Chaque jour, je me demande pourquoi l'orgueil est si destructeur, pourquoi il nous pousse à dire et à faire des choses que nous regrettons amèrement.

Est-ce parce que nous avons peur de montrer notre vulnérabilité, de nous ouvrir complètement à l'autre ? L'orgueil est un poison qui s'infiltre dans chaque recoin de notre être, nous empêchant de vivre pleinement notre amour.

Nous avons joué avec nos sentiments, croyant que nous pouvions contrôler l'amour. Mais l'amour ne se contrôle pas, il se vit avec intensité et sincérité. Notre orgueil nous a conduits à la séparation, à la douleur et au regret. Nous avons perdu ce que nous avions de plus précieux à cause de notre incapacité à mettre de côté notre fierté.

Dois-je tenter de reconquérir cet amour en mettant de côté mon orgueil, ou dois-je accepter cette perte et chercher à reconstruire ma vie sans elle ?

Mon ami, que cet obstacle me permette de puiser dans mes ressources intérieures, de me libérer des chaînes de l'orgueil, et de redécouvrir la pureté de l'amour sincère. Ou alors, que cette fierté continue de me hanter, m'enfermant dans une prison de regrets et de désespoir.

La Solitude

Mon cher ami, la solitude est une compagne silencieuse, toujours présente, mais jamais réconfortante. Je suis enveloppé par un sentiment de solitude écrasante qui semble ne jamais me quitter. Je ne sais plus comment vivre avec ce vide. Chaque jour, je me réveille dans un silence assourdissant, entouré par l'ombre de mes pensées. La solitude est impitoyable, elle s'insinue dans chaque recoin de mon existence, me laissant sans répit.

Cette absence de compagnie humaine, ce manque de chaleur et de réconfort, me plonge dans une mélancolie profonde. Comment ai-je pu en arriver là ? Comment ai-je pu me retrouver isolé, sans personne à qui confier mes peines et mes joies ? Je ne sais pas.

Tout ce que je sais, c'est que cette solitude m'anéantit, m'infamie de l'intérieur, me laissant vide et désespéré.

Que faire de ma vie, de mon âme, de mon cœur ? Dois-je chercher la compagnie des autres, ou dois-je accepter cette solitude comme mon lot ? Dois-je lutter contre ce sentiment d'abandon, ou dois-je m'y résigner ? Je suis perdu.

Mon ami, je demande à l'univers, s'il m'entend, s'il me voit, s'il a pitié de moi, qu'il m'accorde la force de briser ces chaînes de solitude, de trouver des âmes bienveillantes qui sauront m'apporter réconfort et chaleur. Et s'il ne veut pas m'accorder cette grâce, s'il veut que je souffre encore, que cette solitude m'emporte rapidement, sans douleur, car je ne peux plus supporter cette existence vide et dénuée de sens.

La perte et le deuil

Mon cher ami, je suis plongé dans un océan de tristesse depuis que j'ai perdu un être cher. Chaque minute est une lutte pour accepter cette absence, comment continuer à vivre sans cette personne qui faisait partie intégrante de ma vie. Le deuil est une épreuve dévastatrice, une douleur qui ne semble jamais s'atténuer. Je ne sais plus comment respirer sans lui, ni comment supporter cette douleur qui me consume. Chaque seconde est une agonie, une lutte contre l'absence qui dévore mon âme.

Les souvenirs me harcèlent, chaque objet, chaque lieu me rappelle ce qui n'est plus. La maison est silencieuse, vide de la présence qui la remplissait de joies et de rires.

Je me sens perdu, comme un navire sans gouvernail, dérivant dans une mer de désespoir.

Mon ami, comment surmonter cette perte ?
Comment trouver la force de continuer à
avancer alors que tout semble si sombre ?
Comment continuer sans lui ? Comment trou-
ver la force de survivre à cette tragédie ?

Le deuil est un processus long et difficile, une
montagne à gravir avec des hauts et des bas. Il
y a des jours où je me sens capable de faire
face, et d'autres où la douleur est trop intense.

Tout ce que je sais, c'est que son souvenir est
une présence fantomatique, une lumière vacil-
lante dans l'obscurité de mon désespoir. Le
temps pourra-t-il jamais apaiser cette souf-
france ?

Que faire de cette peine qui me ronge ? Dois-je
l'accepter et sombrer, ou la combattre et
m'épuiser ? Dois-je pleurer jusqu'à en perdre la
raison, ou sourire pour masquer ma détresse ?
Je suis sans repères, plongé dans le doute.

Mon ami, je crie vers le ciel, cherchant une
lueur d'espoir, une aide divine pour survivre à
ce deuil, pour porter cette lourdeur insuppor-
table.

Que l'existence me donne la résilience néces-
saire pour traverser cette épreuve, de trouver
un sens à cette souffrance. Que j'arrive, un
jour, à regarder et voir cette période comme
une étape nécessaire pour grandir et évoluer.
Que je puisse honorer la mémoire de mon être
cher en vivant pleinement, en trouvant la paix
et la sérénité. Et si cela ne doit pas être, que
cette douleur continue de me guider, m'aidant
à trouver un sens et une raison de vivre malgré
l'absence, qu'au moins l'oubli vienne apaiser
cette douleur qui me torture.

La rédemption

Mon cher ami, je suis obsédé par les erreurs de mon passé, par les choix qui m'ont conduit sur un chemin sombre et tortueux. Chaque matin, je porte le poids de mes fautes, cherchant désespérément un moyen de me racheter. La rédemption semble être un rêve lointain, une lumière vacillante au bout d'un tunnel interminable. Je ne sais plus comment me racheter, ma vie est devenue une lutte contre la culpabilité, une quête de rédemption.

J'ai blessé ceux que j'aimais, trahi la confiance de ceux qui comptaient sur moi. Les remords me rongent, me privant de sommeil et de paix intérieure.

Comment puis-je espérer trouver le pardon, alors que je peine à me pardonner moi-même ? Est-il possible de réparer ce qui a été brisé, de reconstruire ce qui a été détruit ?

Comment retrouver mon honneur perdu ? Ces questions me hantent sans cesse.

Mon ami, je suis en quête de rédemption. Je veux croire qu'il est encore temps de changer, de devenir une meilleure personne. À chaque nouvelle journée, je m'efforce de faire amende honorable, de montrer par mes actions que je suis digne de confiance et de respect. Mais le chemin est long et semé d'embûches, et parfois, le doute m'envahit. Mais la rédemption est-elle vraiment possible ?

Que faire de cette culpabilité qui me taraude ? Dois-je la porter comme une croix ou la laisser partir ? Dois-je me punir pour mes fautes ou apprendre à me pardonner ?

Je suis plongé dans l'incertitude, tiraillé entre le remords et l'espoir.

Mon ami, je cherche désespérément un rayon d'espoir, une force supérieure pour m'aider à me racheter, à réparer mes erreurs, à trouver la paix intérieure.

Que mon voyage me permette de persévérer, de ne pas céder à la tentation de l'abandon.

Que je puisse, un jour, revenir sur le passé et constater que mes efforts n'ont pas été vains, que je réussisse à me racheter aux yeux de ceux que j'ai blessés. Et si cela ne doit pas être, que ce chemin de rédemption me guide vers une compréhension plus profonde de moi-même, m'aidant à trouver des moments de paix même dans l'adversité et que je retrouve la sérénité pour accepter mes imperfections et vivre avec mes souvenirs douloureux.

L'Au-Delà inconnu

Mon cher ami, je me demande ce qui se passe lorsque nous fermons les yeux pour la dernière fois. Est-ce la fin de tout, ou le début d'une nouvelle existence ? Cette incertitude me déchire, me plongeant dans une spirale de questionnements et de peurs.

La mort est une ombre qui plane au-dessus de nous, une réalité inévitable que nous préférons souvent ignorer. Mais pour ceux qui, comme moi, sont confrontés à cette perspective, elle devient une obsession. Je me demande souvent : que nous attend-il après la mort ?

Que se passe-t-il après notre dernier souffle ? Est-ce que nous retrouvons ceux que nous avons aimés et perdus, ou est-ce que nous disparaissons dans le néant ?

Mon ami, cette pensée m'accable. Je suis terrifié à l'idée de l'inconnu, de ce grand vide qui pourrait nous attendre. Mais en même temps, je suis fasciné par les récits de ceux qui prétendent avoir entrevu l'autre côté. Des lumières brillantes, des sensations de paix et de plénitude, des retrouvailles avec des êtres chers… Ces histoires me donnent un mince espoir, une lueur dans l'obscurité.

Mais comment savoir ce qui est vrai ? Comment trouver la paix face à cette incertitude ? Chaque jour, je cherche des réponses, des signes, quelque chose qui pourrait apaiser mon esprit tourmenté. Je me tourne vers la spiritualité, la science, les témoignages, mais rien ne semble suffisant pour combler ce vide.

Mon ami, que cette exploration m'apporte la vitalité nécessaire pour savourer pleinement chaque moment de ma vie, de chérir ceux qui m'entourent et de trouver la paix intérieure. Que je sois capable, un jour, d'accepter l'inconnu avec sérénité, en sachant que la mort fait partie du cycle de la vie.

Et si cela ne doit pas être, que cette aventure continue de me guider, m'aidant à trouver un sens et une raison de vivre malgré l'incertitude.